기도란

소박하지만 편리한 가이드

The Handy Little Guide: Prayer
Barb Szyszkiewicz, OFS

Copyright © 2021 by Barb Szyszkiewicz. Published by Our Sunday Visitor Publishing Division, OSV, Inc. All rights reserved.
Korean translation copyright © 2024 by ST PAULS, Seoul, Korea

기도란
소박하지만 편리한 가이드

발행일 2024. 9. 30

글쓴이 바브 시스키에비츠, OFS
옮긴이 서영필
펴낸이 서영주

펴낸곳 성바오로
출판등록 7-93호 1992. 10. 6
주소 서울특별시 강북구 오현로7길 20(미아동)

취급처 성바오로보급소 **전화** 944-8300, 986-1361
팩스 986-1365 **통신판매** 945-2972
E-mail bookclub@paolo.net
인터넷 서점 www.paolo.kr

책값은 뒤표지에 있습니다.
ISBN 978-89-8015-953-6
교회인가 서울대교구 2024. 6. 24   SSP 1096

성경 ⓒ 한국천주교중앙협의회, 2024.

- 이 책은 저작권법의 보호를 받으므로 무단전재와 무단복제를 금합니다.
  이 책 내용의 전부 또는 일부를 재사용하려면 반드시 저작권자와 성바오로출판사의 동의를 얻어야 합니다.

소박하지만 편리한 가이드

기도란

바브 시스키에비츠, OFS 글
서영필 옮김

서문

우리는 왜 기도하나요?

하느님은 시편(44,22) 말씀처럼 우리의 생각과 마음속에 무엇이 있는지 알고 계시지만, 우리는 그것을 말로 표현하고 싶은 인간적인 욕구를 지니고 있습니다. 우리는 마음과 감정을 신뢰할 수 있는 사람들과 나누면서 돈독한 관계를 만들어 갑니다. 하느님과도 마찬가지입니다. 분노, 기쁨, 혼돈, 슬픔, 감사, 상처, 걱정 등 우리의 감정과 필요를 그때그때 하느님께 표현한다면 우리는 하느님과 더 친밀한 관계를 맺을 수 있습니다.

우리는 기도를 통해 하느님과의 친교를 더욱 굳건히 합니다. 그 친교는 언제 어디서나 이루어질 수 있습니다. 특별한 장비가 필요한 것도 아닙니다. 어떤 옷을 입어야 한다는 규정도 없고 입장권을 사거나 초대장이 있어야 하는 것도 아닙니다. 오직 열린 마음만 있으면 됩니다. 쟌 쥬강Jeanne Jugan 성녀가 우리를 일깨워 줍니다.

예수님은 성당에서 당신을 기다리고 계십니다. 힘과 인내심이 바닥나고 외로움을 느낄 때, 그리고 도움이 필요할 때 가서 예수님께 말씀드리십시오. '사랑하는 예수님, 제게 무슨 일이 일어나고 있는지 당신은 잘 알고 계십니다. 지금 저에게는 당신밖에 없습니다. 저를 도와주십시오.' 그리고 당신의 길을 계속 걸어가십시오. 좋으신 우리 주님께 말씀드리는 것만으로 충분합니다.

우리는 기도로 연결될 때 하느님과 소통합니다. 그 방법이 다양하기에, 우리는 어렸을 때와 지금 똑같이 기도하지 않습니다. 자기만의 선호하는 기도 스타일이 있고 방법과 장소도 각자 다를 수 있습니다. 또한 그 방식은 부모나 자녀, 배우자, 친구 등 가까운 사람과도 다를 수 있습니다.

우리는 성당이나 자기 집 식탁에 앉아 묵주기도를 바칠 때나 빨래를 개면서 자녀를 위해 기도를 봉헌할 때도, 하루를 성경을 펼치며 시작하거나 시간 전례의 끝기도로 하루를 마무리할 때도 기도하며 하느님과 관계를 형성합니다. 그리고 원한다면(또는 상황이 허락한다면) 내일은 다른 방식으로 하느님과 소통할 수 있습니다.

우리는 이 책에서 누가, 무엇을, 언제, 어디서, 어떻게, 무엇을 위해 기도하는지 살펴보면서 하느님과 더 깊고 굳건한 친교를 이루게 될 것입니다. 하느님께서 기꺼이 우리 말에 귀를 기울이시듯이,

여러분도 우리에게 하시는 하느님 말씀에 귀를 활짝 열고 들을 수 있기를 바랍니다.

그래서 우리가 기도하는 것입니다.

* 본문의 주석은 모두 옮긴이 주입니다.

차례

서문 우리는 왜 기도하나요? 6

기도는 누가 하나요? 12

기도는 무엇인가요? 18

기도는 어떻게 하나요? 26

혼자 기도하려면 어떻게 하나요? 42

성경과 성인들은 기도를 무엇이라고 말하나요? 50

기도는 언제 해야 하나요? 58

기도는 어디서 해야 하나요? 66

이런 경우에는 어떻게 하나요? 72

끝으로 90

기도는
누가 하나요?

하느님과 보다 깊은 관계를 맺고자 하는 사람은 기도해야 합니다. 기도는 특정 집단이나 부류의 사람들을 위한 것이 아닙니다. 누구나 기도할 수 있고 우리 모두 기도할 수 있습니다.

혼자 기도하기

"예수님께서는 따로 기도하시려고 산에 오르셨다."(마태 14,23)

혼자 하는 기도는 하느님과 소통하고 교감할 수 있는 매우 개인적인 기회입니다. 혼자 기도할 때는 기도의 형태나 기도 시간과 장소 등을 스스로 선택할 수 있습니다.

저는 이른 아침 사무실의 편안한 의자에 앉아 자주 기도합니다. 컴퓨터를 꺼 두고 차 한 잔을 옆에 둔 다음, 먼저 성무일도의 아침기도를 바친 뒤 그날 미사의 독서와 복음을 읽고 묵상하면서 하루를 시작합니다.

혼자 하는 기도는 하느님과 친밀한 교감을 나눕니다. 시동이 꺼진 차 안, 성체 조배실, 미사 전후의 조용한 성당, 심지어 세탁실 등 혼자 기도할 수 있는 다양한 장소를 찾을 수 있습니다.

가족이 함께 기도하기

"함께 기도하는 가족은 함께 머뭅니다."(가경자 패트릭 페이턴Patrick Peyton 신부)

가족이 함께하는 기도는 자녀와 하느님의 관계를 성장시킵니다. 뿐만 아니라 자녀가 일상에서 하느님께 감사를 드릴 때와 도움을 청해야 할 때 그분께 의지하는 법을 배우도록 도와줍니다. 가족이 함께하는 정해진 기도가 없다면 식사 전 기도부터 시작해 보면 좋겠습니다. 식탁 위에 차려진 음식을 마련해 주신 하느님께 감사드리며, 손수 요리한 이를 축복해 주시기를 청하고, 가족들이 특별히 필요로 하는 지향을 하느님께 맡겨 드립니다.

저희 집은 아이들이 어릴 때 잠자리에 드는 시간이 가족 기도의 시간이었습니다. 아이들을 재우면서 먼저 수호천사에게 드리는 기도를 함께 바치고, 가족 한 사람 한 사람을 축복한 뒤 하느님께서 그날 하루 동안 우리 가정에 베풀어 주신 은총에 간단히 감사하는 시간을 가졌습니다.

묵주 기도를 바치는 것도(다만 신비 한 단이라도) 가족이 함께할 수 있는 기도 방법입니다.

여럿이 함께 기도하기

"내가 또 진실로 너희에게 말한다. 너희 가운데 두 사람이 이 땅에서 마음을 모아 무엇이든 청하면, 하늘에 계신 내 아버지께서 이루어 주실 것이다. 두 사람이나 세 사람이라도 내 이름으로 모인 곳에는 나도 함께 있기 때문이다."(마태 18,19-20)

여럿이 함께 기도하는 것은 하느님과 소통하는 아름다운 방법입니다. 숫자에는 힘이 있습니다! 여럿이 함께 공동 지향을 두고 기도할 때 특히 힘이 있습니다.

우리는 미사에 참석할 때마다 공동체로서 기도합니다. 하지만 여럿이 함께하는 기도가 꼭 미사처럼 형식을 갖춰야 하는 것은 아닙니다. 제가 함께 노래하는 본당 성가대의 지휘자는 성가 연습 때마다 기도로 시작합니다. "하느님, 음악이라는 선물을 주시고 우리 각자에게 저마다의 은사를 주셔서 감사합니다. 그리고 주님을 찬미하고 주님께 영광을 드리며 이 은사를 함께 나눌 기회를 주셔서 감사합니다."

모인 사람이 두세 명이든, 수백수천 명이든 함께 기도하는 가운데 일치한다면 저마다 하느님과 다른 사람들과 관계를 강화할 수 있습니다.

누가 기도해야 할까요? 우리가 기도해야 합니다.

기도는
무엇인가요?

기도는 우리가 하느님과 소통하는 방법입니다. 기도의 형태는 다양한데, 일반적으로 네 가지 지향을 두며 모두 하느님께로 이어집니다.

- 흠숭
- 참회
- 감사
- 간구

시편은 성경 안에 있는 기도서입니다. 시편을

읽거나 미사나 시간 전례에서 시편으로 기도할 때 우리는 다윗 왕만큼이나 오래된 단어를 기도에 사용하는 것입니다. 시편에서 우리는 모든 유형의 기도를 볼 수 있습니다. 마찬가지로, 교회의 성가에서도 각 기도 유형에 대한 예를 찾을 수 있습니다. 시편과 성가를 기도의 시작점으로 삼으십시오.

흠숭은 주님을 찬양하는 것입니다. 창조의 경이로움에 감탄하거나 단순히 하느님의 업적을 찬양할 때에도 우리는 흠숭의 기도를 드립니다. 로버트 사라Robert Sarah 추기경은 "흠숭은 겸손과 사랑의 태도로 하느님 앞에 우리 자신을 내어놓는 것"이라고 설명합니다. 시편 62편, 95편, 100편, 150편이 바로 그러한 기도입니다. 가톨릭 성가 '거룩하신 성삼이여', '만왕의 왕', '찬양하라' 등은 찬양과 흠숭의 노래입니다.

참회는 죄지음을 슬퍼하고 앞으로 죄짓지 않

겠다는 결심의 표현입니다. 우리는 미사를 시작하며 참회 예식에서 통회하며 '고백 기도'를 바치고, 고해성사 때에도 '통회 기도'를 바칩니다. 또 우리는 언제든지 통회하며 기도할 수 있고, 규칙적인 양심 성찰 때에도 이러한 기도를 권장합니다. 시편 51편과 130편은 참회하고 통회하는 기도의 대표적인 예입니다. 참회의 노래로는 '주여 돌보소서', '주여 나를 가엾이 보아 주소서' 등이 있습니다.

감사는 하느님께 드리는 감사의 기도입니다. 기도를 통해 하느님께 받은 응답에 감사하고 싶을 때, 또는 단순히 삶에서 깨달은 축복에 감사드리고 싶을 때 하느님께 감사와 찬양을 드리는 것입니다. '식사 전 기도'를 바칠 때마다 우리는 감사의 기도를 드립니다. 미사 때 사제는 감사 기도에서 "우리 주 하느님께 감사합시다."라고 우리를 초대합니다. 시편 16편, 92편, 116편 등 많은 시편이 바로 감사드리는 기도의 예이며, 가톨릭 성가 '주께 감사드리자'와 '주의 잔치'도 마찬가지입니다.

간구는 우리 자신과 다른 사람들을 위해 하느님께 축복을 청하는 기도입니다. 간구한다고 해서 이기적인 기도라는 뜻은 아닙니다. 사랑하는 이가 아프거나 다쳤을 때 하느님께 치유를 청하고, 실직한 친구가 의미 있고 번듯한 일을 찾도록 도와주시기를 청하는 것은 이기적인 요구가 아닙니다. 물론 하느님께서는 우리 마음속에 무엇이 있고 무엇이 우리에게 가장 좋은지 잘 아시지만, 우리는 기도 안에서 우리의 필요를 그분 앞에 내어놓을 수 있으며, 또 그렇게 해야 합니다. 산상 설교에서 예수님은 이렇게 가르치십니다. "청하여라, 너희에게 주실 것이다. 찾아라, 너희가 얻을 것이다. 문을 두드려라, 너희에게 열릴 것이다."(마태 7,7) 시편 27편, 86편, 102편을 읽어 보고, 가톨릭 성가 '평화를 주옵소서', '평화의 기도'(성 프란치스코의 기도), '주여 날 인도하소서' 등을 불러 봅니다.

우리는 다른 사람에게 필요한 것을 청하거나 그들을 축복해 주십사 하느님께 간구하는 중재 기도를 드릴 수 있습니다. 교회, 곧 하느님 백성의 공동체인 우리는 미사 중 보편 지향 기도를 바치며 주님께 교회와 세상, 본당과 가정의 다양한 필요를 간구합니다. 또한 참회 예식 때에는 "그러므로 간절히 바라오니 평생 동정이신 성모 마리아와 모든 천사와 성인과 형제들은 저를 위하여 하느님께 빌어 주소서."라고 공동체가 우리를 위해 기도해 주시길을 청합니다.

우리는 개인적인 간구와 중재 기도 때 우리의 기도를 하느님 앞에 가져가 달라고 천사들과 성인들에게 부탁할 수도 있습니다. 우리는 자기 자신의 말로 기도할 수 있고, 교회의 공식 기도문으로 기도할 수도 있으며, 두 가지를 함께 사용해서 기도할 수도 있습니다. 우리가 위험에 처하거나 어려움이 닥쳤을 때 가족과 친구들에게 기도를 부탁하듯이, 이미 하늘나라의 하느님 곁에 있는 이들에게 도움을 청할 수 있으며 또 청해야 합니다.

기도는
어떻게 하나요?

―――

하느님께 이르는 길이 단 하나의 길만 있는 것이 아니듯이 기도하는 방법 또한 여러 가지가 있습니다. 상황이나 일정, 성향에 따라 어떤 기도 방법이 다른 방법보다 더 끌리는 경우가 있습니다. 인생의 시기에 따라서도 다른 기도 방법에 매력을 느낄 수 있습니다. 교회는 특정한 형식과 구조에 따라 몇 가지 공식적인 기도 방법을 제공합니다. 비공식적인 기도 방법도 개인적인 기도 방법으로 권장합니다. 하지만 모든 기도 방법 중에서 교회가 요구하는 유일한 한 가지는 미사 참례입니다.

미사

「가톨릭 교회 교리서」는 미사 전례를 "성령 안에서 성부께 드리는 그리스도의 기도에 참여하는 것이기도 하다. 그리스도인의 모든 기도는 전례에서 시작되고 전례로 완성된다."(1073항)라고 설명합니다. 미사 참례는 선택 사항이 아닙니다. 미사는 개인적 신심이 아니라 공동체의 기도입니다. 모인 모든 사람이 하느님께 드리는 찬양과 감사로 하나가 된 공동체의 기도입니다. 미사 전후에 개인적으로 기도하는 것을 권장하지만, 미사 전례 중에는 독서와 강론을 듣고, 화답송을 노래하며, 교회와 지금 함께하는 모든 회중의 지향에 마음을 합하여 기도하는 것입니다.

미사 때 교회는 최후의 만찬부터 수난과 십자가의 죽음에 이르기까지 그리스도의 희생을 기억하고 재현합니다. 우리는 미사에서 함께 기도할 때 "주님께서 당신 잔치에 초대하신 모든 신자들의 공동체가 부활하신 주님을 여기에서 만나게"(「가톨릭 교회 교리서」 1166항) 됩니다.

프란치스코 살레시오 성인은 『신심 생활 입문』에서 "이 거룩한 희생과 하나 되어 드리는 기도는 엄청난 힘을 가집니다."라고 말하며 미사를 "우리 그리스도교 신앙의 중심"이라고 언급했습니다. 그리고 호세마리아 에스크리바 성인은 이렇게 가르쳤습니다. "우리는 가톨릭 교회의 전례를 통해 하느님께로 인도되고 그분께 가까이 가게 됩니다."

시간 전례

성무 일도라고도 불리는 시간 전례는 전례 주년을 통해 매일의 기도 리듬을 따릅니다. 가장 잘 알려진 시간 전례는 아침기도 Laudes, 저녁기도 Vesperae, 끝기도 Completorium이며, 하루 중 다른 시간의 전례도 있습니다. 여기서 '시간'이라는 단어는 이러한 기도에 걸리는 시간을 의미하는 것이 아니라 하루 중 특정 시간에 기도한다는 의미입니다.

시간 전례는 수도원 전통에 뿌리를 두며 사제와 수도자들이 매일 실천하는 기도이지만 교회는 모든 신자들 또한 이 기도를 하도록 권고합니다. 이 기도는 원래 공동체에서 함께 기도하도록 고안되었기 때문에 공동으로 할 수도 있고, 혼자서 할 수도 있습니다.

기도할 때 성경 말씀이 영감을 주고 기도 구성에 도움이 된다면 시간 전례는 완벽한 선택입니다. 시간 전례에는 성경 말씀이 풍부합니다. 시편(거의 모든 시편이 시간 전례에 포함된다)을 기본 바탕으로, 각 시간 전례는 구약과 신약 성경의 독서를 포함하고 복음서의 찬미가들을 포함합니다. 시간 전례는 4주 주기로 반복하는데, 익숙하고 좋아하는 시편과 독서를 반복하지만 지루하게 느낄 정도로 자주 반복하지는 않고 오히려 반가울 만큼 적절히 반복합니다.

시간 전례는 성인들에 대해 배우고 기념할 기회 또한 제공합니다. 특정 성인의 글이나 성인에 관한 에세이가 고유 성인 축일 독서 목록에 포함됩니다. 이러한 독서들이 성인들에 관한 영성 서적을 찾아보게 하고 또 다른 방식으로 우리의 기도 생활에 접목하도록 이끌어 줍니다.

시간 전례는 교회 전례력을 기반으로 한 것이기에 따라하기가 복잡할 수 있으므로 그룹 또는 파트너와 함께 기본 사항을 배우거나 애플리케이션 등을 이용해 기도문을 읽거나 듣는 것이 도움이 됩니다.

묵주 기도

우리는 묵주 기도를 바치면서 그리스도의 생애를 묵상합니다. '1단'이라고 불리는 10개의 구슬을 5개 그룹으로 하여 엮은 구조화된 기도로, 대부분 성경과 관련된 주요 사건들을 묵상합니다.

예수 그리스도의 강생과 수난과 부활 등 구세사를 요약한 네 가지 신비는 각각 5개의 묵상 주제로 구성되며, 전통적으로 특정 요일에 배정됩니다.

환희의 신비 (월요일, 토요일)

1. 마리아께서 예수님을 잉태하심을 묵상합시다.
2. 마리아께서 엘리사벳을 찾아보심을 묵상합시다.
3. 마리아께서 예수님을 낳으심을 묵상합시다.
4. 마리아께서 예수님을 성전에 바치심을 묵상합시다.
5. 마리아께서 잃으셨던 예수님을 성전에서 찾으심을 묵상합시다.

빛의 신비 (목요일)

1. 예수님께서 세례 받으심을 묵상합시다.
2. 예수님께서 카나에서 첫 기적을 행하심을 묵상합시다.
3. 예수님께서 하느님 나라를 선포하심을 묵상합시다.

4. 예수님께서 거룩하게 변모하심을 묵상합시다.

5. 예수님께서 성체성사를 세우심을 묵상합시다.

고통의 신비 (화요일, 금요일)

1. 예수님께서 우리를 위하여 피땀 흘리심을 묵상합시다.

2. 예수님께서 우리를 위하여 매 맞으심을 묵상합시다.

3. 예수님께서 우리를 위하여 가시관 쓰심을 묵상합시다.

4. 예수님께서 우리를 위하여 십자가 지심을 묵상합시다.

5. 예수님께서 우리를 위하여 십자가에 못 박혀 돌아가심을 묵상합시다.

영광의 신비 (주일, 수요일)

1. 예수님께서 부활하심을 묵상합시다.

2. 예수님께서 승천하심을 묵상합시다.

3. 예수님께서 성령을 보내심을 묵상합시다.
4. 예수님께서 마리아를 하늘에 불러올리심을 묵상합시다.
5. 예수님께서 마리아께 천상 모후의 관을 씌우심을 묵상합시다.

묵주 기도를 널리 알리는 데 사제직을 바친 가경자 패트릭 페이턴 신부는 "묵주 기도는 단순히 암송하는 기도문이 아니라, 묵상하고 마음속에 되새기며 일상생활에 적용해야 하는 일련의 생각입니다."라고 썼습니다. 묵주 기도를 바치면서 신비를 묵상하는 것이 어렵다면 묵주 기도에 관한 책에서 신비에 대한 묵상을 읽거나 애플리케이션, 오디오 자료 또는 팟캐스트 등의 도움을 받아 신비를 묵상해 보십시오. 기도할 때마다 특정 성경 구절을 읽고 묵상하는 말씀과 함께하는 묵주 기도는 신비에 집중하는 또 다른 방법입니다. 끝으로, 각 신비를 바치기 전에 잠시 시간을 내어 예수님과 성모님의 생애 중 특정 에피소드에 참여하는 자신을 상상하면 기도가 더 풍성해질 것입니다.

묵주는 휴대가 간편하여 어디서나 묵주 기도를 할 수 있습니다. 성당, 집, 차 안, 심지어 치과 진료실 의자 등 어디서나 묵주 기도를 바칠 수 있습니다. 묵주 기도를 바치다가 자주 중단되거나 끝까지 바치는 데 어려움을 느낀다면 한 번에 1단씩 묵주 기도를 바치는 것도 한 가지 방법이 됩니다. 묵주가 없다면 손가락을 꼽으며 기도할 수도 있습니다.

렉시오 디비나

렉시오 디비나Lectio Divina 또한 성경에 몰입하지만 묵주 기도와 같은 방식은 아닙니다. 렉시오 디비나는 4세기에 발전했는데 첫 유월절 이야기를 들려주고 다시 들려주는 유다인 전통에 기반을 두며, 같은 성경 구절을 여러 번 읽으면서 그 구절의 의미를 깊게 파고듭니다. 원한다면 이 기도의 네 단계가 진행되는 동안 글을 써서 생각을 정리하는 것도 좋습니다.

첫 번째 단계 **읽기**lectio에서는 성경 말씀을 두세 번 반복하며 천천히 읽습니다. 소리 내어 읽는 것도 좋습니다. 말씀을 반복해 읽으면서 눈에 띄는 단어나 문구를 찾아봅니다. 읽을 때마다 무엇인가 다른 점을 발견할 수도 있습니다.

다음은, 읽은 내용을 **묵상**meditatio하는 시간을 갖습니다. 이 단계에서는 전체 구절을 한 줄 한 줄 곱씹어 봅니다. 묵상은 공부가 아니라 기도이므로, 하느님께서 이 독서에서 우리에게 주시는 메시지에 집중합니다.

세 번째 단계 **기도**oratio는 하느님의 메시지에 대한 우리의 응답입니다. 그 메시지가 자신에게 어떤 느낌을 주는지 기도하고, 행동하라는 부르심을 느낀다면 하느님께서 이끌어 주시길 기도합니다.

끝으로 조용히 관상하며 마무리합니다. 이 마지막 단계 **관상**contemplatio은 휴식을 취하며 하느님의 메시지가 우리 영혼에 자리하도록 하는 시간입니다. 이 시간 동안 주의가 산만해지면 읽었던 성경의 단어나 구절을 반복하며 다시 가만히 주의를 집중합니다.

서두르지 말고 시간을 충분히 갖습니다. 어떤 단계는 시간이 더 걸릴 수도 있습니다.

9일 기도

9일 기도 Novena는 끈기가 필요한 기도입니다. 일반적으로 9일 기도는 9일 연속으로 바치거나 때로는 9주 연속으로 특정 요일에 바치며, 특별한 지향을 두고 바칩니다.

보통 성인 축일이나 다른 교회 축일 9일 전에 9일 기도를 시작합니다. 예를 들어, 성령께 바치는

9일 기도는 성령 강림 대축일 9일 전에 시작합니다. 물론 성령께 바치는 9일 기도는 어떤 이유로든 언제든 바칠 수 있습니다.

9일 기도는 9일 동안 동일한 기도 또는 일련의 기도를 반복해서 바치도록 구성되며, 때로는 지향이나 초점이 조금씩 변화하기도 합니다. 예를 들어, 성금요일에 시작하여 하느님 자비 주일에 끝나는 하느님 자비의 9일 기도는 9일 동안 매일 하느님 자비의 5단 기도를 바치는데 날마다 그날의 특정한 지향이 있습니다.

병자를 위해 루르드의 성모님 9일 기도를 하고, 죄인의 회심과 세상의 평화를 위해 파티마의 성모님 9일 기도를 바칩니다. 아버지를 위해, 취업을 위해, 또는 집을 팔고 싶을 때 성 요셉 9일 기도를 바칩니다. 자신의 상황이 절망적이라고 생각되면 성 유다 사도나 카시아의 성녀 리타의 9일 기도를 바칠 수 있습니다.

9일 기도를 온전히 바칠 수 있는 시간이 충분하지 않다면 콜카타의 성녀 데레사의 급행 9일 기도(비행 9일 기도라고도 함)를 바쳐 봅니다. 지향과 함께 아홉 번 메모라레*를 기도하고 우리의 기도에 응답해 주신 하느님께 감사의 메모라레 열 번째를 바치면 됩니다(그렇습니다. 열 번째 메모라레는 하느님께 미리 감사를 드리는 것입니다). 이 9일 기도는 한 가지 기도문만 알면 완성할 수 있으므로 이동 중에도 바칠 수 있습니다.

루카 복음(18,1-8)의 끈질긴 과부의 비유는 기도에서 인내의 중요성을 강조합니다. 9일 동안 기도한다는 것은 특별한 지향을 위해 기도에 전념하고 있음을 나타냅니다.

교회의 다른 기도문

루카 복음에 나오는 예수님 탄생 예고를 바탕으로 한 삼종 기도는 혼자 또는 여럿이 함께 기도할 수 있습니다. 보통 하루 중 오전 9시, 정오, 오후 6시 세 번 기도하며, 쉽게 어디서나 기도할 수 있습니다(삼종 기도의 마무리 기도는 묵주 기도를 마무리할 때도 종종 사용됩니다).

묵주를 사용해 바치는 다른 기도들(채플릿 Chaplet)은 기도하는 내내 손이 할 일을 제공하며 반복되는 기도 패턴으로 구성됩니다. 묵주로 하는 가장 잘 알려진 기도는 묵주 기도(로사리오 기도)이지만 가톨릭 전통에는 특별한 지향을 위한 다양한 묵주로 하는 기도가 있습니다. 하느님 자비의 5단 기도와 같은 일부 묵주로 하는 기도는 전통 묵주 기도를 바탕으로 기도할 수 있습니다. 10번의 성모송으로 구성된 5단의 기도가 아닌 다른 묵주로 하는 기도는 다른 구조의 묵주가 필요하며, 일반적으로 기도문 또한 다르게 구성됩니다. 대천사 성 미카엘, 성 요셉, 성녀 안나, 성 안드레아 또는 예수님의 다섯 상처에 대한 신심을 표현하고자

하는 경우, 그 신심을 표현할 수 있는 묵주(채플릿)가 필요합니다. 우리 어머니이신 복되신 동정 마리아와 관련된 다양한 묵주 기도도 있습니다. 보편적 묵주 기도와 비슷한 칠락 묵주 기도 또는 프란치스코의 묵주 기도는 성모님의 일곱 가지 기쁨을 기념하며, 또 다른 묵주 기도는 성모님의 원죄 없으신 잉태, 성모 성심, 바다의 별이신 성모, 성모 칠고 등을 기념합니다.

✽ 성 베르나르도의 성모 찬미가 '생각하소서'

생각하소서, 지극히 인자하신 동정 성모 마리아님,
생각하소서, 어머니 슬하에 달려들어 도움을 애원하고 전구를 청하고도
버림받았다 함을 일찍이 듣지 못하였나이다.
저희도 굳게 신뢰하는 마음으로 어머니 슬하에 달려들어
어머니 당신 앞에서 죄인으로 눈물 흘리오니,
동정녀 중의 동정녀이신 천주의 성모님 저희의 기도를 못 들은 체 마옵시고,
인자로이 들어주소서. 아멘

혼자 기도하려면
어떻게 하나요?

———

교회의 기도는 일정한 형식이나 구조를 따르는 공식적인 기도입니다. 하지만 내 마음속에 있는 것을 하느님께 말씀드릴 때는 다른 사람의 말이 필요하지 않습니다. 우리는 다양한 방법으로 자기 자신만의 기도를 할 수 있습니다.

거룩한 성체 앞에서

성당이나 성체 조배실의 거룩한 성체 앞에서 기도하며 시간을 보내 봅시다. 온전히 성시간*을 가질 수도 있고 간단히 성체를 방문하는 것도 좋습니다.

저희 아버지는 가끔 어린 저희들을 데리고 텅 빈 성당에 들어가시면서 "하느님께 인사드리자." 하고 말씀하시곤 했습니다. 이것은 기도할 때 우리 자신의 말을 하라는 격려이기도 했습니다.

묵상

묵상을 통해 마음을 고요히 하면 하느님의 음성을 들을 수 있습니다.

> (묵상하면) 생각에서 현실로 옮겨지는 것이다. 겸손과 신앙의 정도에 따라, 우리는 묵상 중에 마음을 움직이는 감동을 발견하게 되고, 그것을 식별할 수 있게 된다. 빛에 이르기 위해서는 어떻게 진리를 실천하느냐가 문제이다. "주님, 제가 무엇을 하기를 원하십니까?"
>
> 「가톨릭 교회 교리서」 2706항

안내와 함께 묵상을 경험하고 싶다면 음성 안내가 있는 가톨릭 애플리케이션을 찾아봅니다. 묵상은 묵주 기도와 렉시오 디비나 등 다른 기도의 일부인 경우가 많습니다. 성경, 그리스도의 생애에 있었던 사건 또는 영적 독서를 통해서도 묵상할 수 있습니다. 어떤 것이든 기도의 출발점으로 삼으십시오.

영적 독서

성경이든, 신심 서적이든, 성인의 저술이든 영성 서적을 펼쳐 읽는 것은 기도로 가는 훌륭한 관문이 될 수 있습니다. 영적인 독서는 공부와 다릅니다. 책을 끝까지 읽고 그 안에 있는 모든 내용을 이해하는 것을 목표로 하지도 않습니다. 한두 문장만 읽어도 기도의 불꽃이 타오를 수 있습니다. 노트를 옆에 두고 묵상을 기록해 봅니다.

창의적 활동

저는 십 대 때부터 교회에서 음악 활동을 했기 때문에 음악을 만드는 것은 제가 기도하는 방식에서 빼놓을 수 없는 부분입니다. 미사나 콘서트를 위해 성가대에 참여하거나, 차 안에서 생활 성가를 따라 부르거나, 하느님께 하고 싶은 말을 담은 성가나 찬미가를 혼자서 연주하고 부르는 등 음악 활동은 저에게 기도가 되었습니다.

악기를 연주하지 못하거나 노래를 잘 부르지 못한다고 해도 기도에서 음악의 역할에 대해 감사할 수 있습니다. 좋아하는 성가나 찬미가의 가사를 묵상해 봅니다. 성경을 바탕으로 한 성가를 듣는 것은 성경으로 기도를 시작하는 새로운 방법입니다.

손을 사용하여 예술 작품을 만드는 것도 마음을 기도로 이끌 수 있습니다. 주님 성탄이나 예수 성심, 성모 성심과 같은 종교적 이미지 그리기, 자연의 아름다움에 담긴 하느님의 영광을 사진으로 기록하기, 점토로 도자기 작품을 만들기, 성경 구절이나 성인 말씀 캘리그라피 등은 모두 우리 마음을 기도로 인도합니다. 음악과 마찬가지로 다른 사람들과 함께 기도하는 관문도 될 수 있습니다.

시를 쓰거나 묵상을 글로 쓰면 기도할 때 단어를 창의적인 방식으로 사용할 수 있습니다. 희망, 꿈, 질문, 어려움 등을 간단히 적어 보십시오. 완벽할 필요는 없으므로 문법이나 문장에 구애는 받지 마십시오. 글을 쓰다 보면 어떻게 문제를 풀어야 할지, 해결책은 무엇인지, 또는 어떻게 행동해야 할지 하느님께서 부드럽게 인도하고 계심을 깨달을 수 있습니다.

희생 봉헌

자신의 어려움이나 불편함, 곤란함 등을 다른 사람의 유익함을 위한 희생 봉헌의 기도로 바꾸어 봅니다. 성 바오로는 콜로새 신자들에게 보낸 서간에서 '희생 봉헌'의 개념을 요약합니다.

"이제 나는 여러분을 위하여 고난을 겪으며 기뻐합니다. 그리스도의 환난에서 모자란 부분을 내가 이렇게 그분의 몸인 교회를 위하여 내 육신으로 채우고 있습니다."(1,24)

우리는 크고 작은 어떤 고통도 연옥 영혼들을 위해 바칠 수 있습니다. 또한 더 가까운 사람들을 위해서도 희생 봉헌을 바칠 수 있습니다.

저는 최근에 테니스엘보로 인한 고통을 저보다 더 심한 고통을 겪으며 수술을 받은 친구를 위해 희생 봉헌하기로 약속했습니다. 그리고 새벽에 당뇨병을 앓는 막내 아이를 살피러 일어났을 때는 저처럼 힘든 밤을 보낼 다른 당뇨병 환아의 부모를 위해 저의 피로를 희생 봉헌하기로 했습니다. 이렇게 우리는 자신의 고통을 다른 누군가의 유익을 위해 희생 봉헌함으로써 그 고통을 기도로 바꿀 수 있습니다.

．．．．．．．．．．．．．．．．．．．．．
* **성시간Hora Sancta**

전통적인 성체 신심 행위 가운데 하나로, 성체 안에 현존하고 계신 그리스도를 공경하는 시간. 매월 첫 목요일 저녁에 성당에서 성체 현시와 함께 성체 강복도 겸하여 행한다.

성경과 성인들은
기도를 무엇이라고
말하나요?

———

성경

성경은 기도에 관한 가르침으로 가득합니다. 특히 기도에 대한 최고의 가르침이자 예수님께서 직접 가르쳐 주신 유일한 기도인 주님의 기도를 통해 성경은 구체적으로 기도하는 방법을 알려 줍니다(마태 6,9-13 참조). 또한 예수님께서는 "너희는 원수를 사랑하여라. 그리고 너희를 박해하는 자들을 위하여 기도하여라."(마태 5,44) 하고 권고하셨습니다.

성 바오로는 기도에 대한 글을 자주 썼으며,

항상 기도하라고 권고했습니다. "여러분은 늘 성령 안에서 온갖 기도와 간구를 올려 간청하십시오. 그렇게 할 수 있도록 인내를 다하고 모든 성도들을 위하여 간구하며 깨어 있으십시오."(에페 6,18) "아무것도 걱정하지 마십시오. 어떠한 경우에든 감사하는 마음으로 기도하고 간구하며 여러분의 소원을 하느님께 아뢰십시오."(필립 4,6)

성 야고보는 성 바오로의 권고를 확장하여 기도가 필요한 몇 가지 상황을 자세히 설명합니다 (야고 5,13-15).

여러분 가운데에 고통을 겪는 사람이 있습니까? 그런 사람은 기도하십시오. 즐거운 사람이 있습니까? 그런 사람은 찬양 노래를 부르십시오. 여러분 가운데에 앓는 사람이 있습니까? 그런 사람은 교회의 원로들을 부르십시오. 원로들은 그를 위하여 기도하고, 주님의 이름으로 그에게 기름을 바르십시오. 그러면 믿음의 기도가 그 아픈 사람을 구원하고, 주님께서는 그를 일으켜 주실 것입니다. 또 그가 죄를 지었으면 용서를 받을 것입니다.

성 바오로는 기도에 어려움을 겪는 사람들을 격려하며 성령께 맡겨야 한다고 반복해서 설명합니다. "성령께서도 나약한 우리를 도와주십니다. 우리는 올바른 방식으로 기도할 줄 모르지만, 성령께서 몸소 말로 다 할 수 없이 탄식하시며 우리를 대신하여 간구해 주십니다."(로마 8,26) "희망 속에 기뻐하고 환난 중에 인내하며 기도에 전념하십시오."(로마 12,12)는 성 바오로가 신자들에게 전하는 가르침의 핵심입니다.

본질적으로 기도 그 자체인 시편은 기도에 대한 견해도 제공합니다. "주님께서는 당신을 부르는 모든 이에게, 당신을 진실하게 부르는 모든 이에게 가까이 계시다."(시편 145,18). 예레미야 예언자는 하느님의 메시지를 반복하면서 이 말을 되새깁니다. "너희가 나를 부르며 다가와 나에게 기도하면 너희 기도를 들어 주겠다."(예레 29,12) 요한의 첫째 서간에서도 이 메시지는 반복됩니다. "우리가 그분에 대하여 가지는 확신은 이것입니다. 우리가 무엇이든지 그분의 뜻에 따라 청하면 그분께서 우리의 청을 들어 주신다는 것입니다. 우리가 무엇을 청하든지 그분께서 들어 주신다는 것을 알면, 우리가 그분께 청한 것을 받는다는 것도 압니다."(1요한 5,14-15)

성인들

성인들도 기도에 대한 가르침을 주고 기도하도록 격려합니다. "기도 안에서 우리는 하느님과 대화하고 그분 말씀을 듣습니다."라고 아시시의 성 프란치스코는 말했습니다. 프란치스코 성인은 홀로 기도하러 가신 예수님의 모범을 자주 따랐으며, 하느님과의 관계를 유지하는 것이 참으로 중요하다는 것을 깊이 믿었습니다.

성 프란치스코 살레시오의 『신심 생활 입문』은 상당 부분이 기도에 관한 내용입니다. 이 고전 영성 서적은 원래 성인이 영적 지도를 맡은 친척에게 보낸 편지로, 기도의 아름다움과 하느님과의 통교를 위한 시간을 따로 내는 것의 중요성을 강조합니다. "우리가 묵상하며 구세주께 매달리고, 그분 말씀을 듣고, 그분의 행동과 의도를 살펴볼 때 우리는 그분의 은총을 통하여 그분처럼 말하고 행동하고 원하는 법을 시간이 지나면서 배우게 될 것입니다. … 이 문을 통하지 않고 하느님께 가는 길은 없습니다."

리지외의 성녀 데레사의 소박한 기도 방법은 그녀의 겸손한 작은 길과 닮았습니다. "저는 아름다운 기도문을 찾기 위해 책을 살필 용기가 없습니다. … 제가 글을 모르는 어린아이처럼 주님께 원하는 모든 것을 간절히 말씀드리면 주님께서는 늘 알아주십니다." 성녀의 이 말씀은 기도가 복잡하다고 느끼거나 익숙하지 않은 불편한 형식을 따라야 한다고 여기며 기도하기를 겁내는 사람들에게 위로를 줍니다.

존 헨리 뉴먼 성인은 기도가 필수적인 것이라고 강론했습니다. "맥박이 뛰고 숨을 내쉬어야 육체가 생명을 유지하듯이 기도는 영적 생명력을 불어넣습니다." 또한 그는 "기도가 신앙의 표현, 신앙의 목소리가 아니면 무엇이겠습니까?"라고 기도를 정의했습니다.

가족 기도를 장려하는 사도직에 사제직을 바친 가경자 패트릭 페이턴 신부는 "함께 기도하는 가족은 함께 머문다." "기도하는 세상은 평화로운 세상이다."라고 선언했습니다. 페이턴 신부는 자서전에서 제2차 세계 대전 중이던 신학생 시절부터

이 일에 헌신하기 시작했다고 언급했습니다. "필요한 것은 단순히 전쟁을 끝내는 것이 아니라 진정한 평화, 마음의 평화, 가정의 평화, 가족의 평화를 위한 환경입니다."라고 말했습니다. 그의 사도직은 마음을 변화시키는 기도의 힘에 대한 깊은 믿음에서 비롯되었습니다.

기도는
언제 해야 하나요?

———

성 바오로는 테살로니카 신자들에게 보낸 첫째 서간에서 "끊임없이 기도하십시오."(5,17)라고 당부합니다. 우리는 정해진 기도 시간이 있거나(정규적으로) 그때그때 즉흥적으로 기도할 때도 있으므로, 이 두 가지를 결합해 항상 기도하는 목표를 이룰 수 있을 것입니다.

교회는 정기적인 기도를 위해 많은 기회를 제공합니다. 가장 확실하고 중요한 것은 미사입니다. 미사는 예수님께서 최후의 만찬에 우리를 초대하신 것처럼 기도와 희생으로 공동체가 함께 모이는 봉헌의 시간입니다.

성시간이라고도 하는 성체 조배는 또 다른 공식적인 기도입니다. 본당에 '지속적인 성체 조배회'가 있는 경우, 성당이나 성체 조배실에 성체가 현시되었을 때는 항상 조배자가 그 자리에 있을 수 있도록 일정을 짜야 합니다. 특정 요일이나 시간을 정해 놓고 성체 조배를 하는 본당도 있습니다.

성무일도라고도 하는 시간 전례는 교회의 매일 기도입니다. 신자들은 하루에 몇 차례, 아침, 낮, 저녁, 밤 시간에 기도하도록 초대받는데, 아침 기도 전에 성경 봉독을 기본으로 하는 독서의 기도도 있습니다. 시간 전례를 바치면 거의 시편 전체를 접하게 되며, 종종 특정 시편 말씀과 기도 시간 사이의 상관관계를 발견할 수 있습니다. 성무일도는 전 세계의 가톨릭 성직자와 수도자, 평신도들이 사용하는 동일한 기도서로, 우리 또한 하루의 각 시간대를 성화하는 시간 전례로 하루를 시작하고 마무리할 수 있습니다.

삼종 기도는 전통적으로 아침, 정오, 저녁에 바칩니다. 짧고 외우기 쉬운 삼종 기도는 특별한 책 없이도 기도할 수 있으며 어디서나 기도할 수 있도록 고안된 기도입니다. 삼종 기도를 바치면서 하느님께 모든 것을 맡겨 드리는 "예", "피앗"으로 응답하신 성모님께 영광을 드리고 성덕의 길로 나아가는 우리를 위해 전구해 달라고 간청합니다. 이 기도는 시간 전례로 기도하는 수도회 전통을 반영해 중세 시대에 평신도들을 위한 관습에서 시작되었습니다. 교회 종소리는 종종 기도하자고 초대하는 소리로 사용되어 신자들이 하던 일을 잠시 멈추고 기도하는 시간을 가졌습니다. 일을 시작할 때와 끝낼 때, 점심 식사를 위한 휴식 때 삼종 기도를 할 수 있게 휴대폰이나 스마트 시계에 알람을 설정해 봅시다.

마지막으로, 식사 전과 후 감사 기도를 바치면

식사 시간을 기도의 기회로 삼을 수 있습니다.

한편 즉흥적인 기도(화살기도 포함)는 언제든지 할 수 있습니다. 이러한 기도는 "예수님, 당신을 믿습니다."나 심지어 "하느님, 도와주세요."와 같이 짧지만 간절한 표현일 수도 있고, 시간을 갖고 드리는 기도와 묵상일 수도 있습니다. 일정과 상황이 허락한다면 미사 전후에 잠시 시간을 내어 성당에서 기도해 봅니다. 미사 전 기도는 미사를 준비하는 데 도움이 되고, 미사 후 기도는 하루의 일과를 시작하기 전에 하느님께 감사 기도를 봉헌할 수 있습니다.

누군가 자신을 위해 기도해 달라고 부탁하면 즉시 기도하십시오. 기다리거나 망설이지 마십시오! 그런 다음 구체적인 방법이나 특정 시간에 기도를 부탁한 사람의 지향을 계속 기억하겠다고 약속하십시오. 기도 약속은 반드시 지키는 것이 중요합니다.

일상에서 자발적이고 즉흥적인 기도를 추가할 몇 가지 방법을 생각해 봅시다. 어쩌면 이미 그런 일들을 하고 있을지도 모르겠습니다.

- 또 다른 하루를 주신 하느님께 감사드리는 기도로 하루를 시작합니다.
- 업무, 수업, 집안일을 시작할 때 하느님께 나의 노력과 그 노력이 영향을 미치는 사람들을 축복해 주시길 기도합니다.
- 일상의 순간과 전환점을 기도의 기회로 활용해 봅니다. 차를 탈 때, 전화벨이 울릴 때, 새로운 작업을 시작하기 위해 상황을 전환할 때 짧은 기도를 바쳐 봅니다.
- 하루 일과 중 우연히 성당을 지나가게 된다면 잠시 들러 성체 앞에서 짧은 시간이나마 기도를 바쳐 봅니다.
- 통회 기도로 하루를 마무리하며 하느님의 부르

심에 부응하지 못한 것에 대해 용서를 구합니다.

우리는 언제 기도할 수 있을까요? 하루의 시작, 중간, 끝 등 우리는 언제든지 기도할 수 있습니다!

기도는
어디서 해야 하나요?

기도는 공식적인 체험이 될 수도, 비공식적인 체험이 될 수도 있고, 성경을 이용하거나 교회의 기도문을 활용해 기도할 수도, 그냥 자기 말로 기도할 수도 있듯이, 한 가지 예외를 제외하고는 장소도 우리 선택에 달려 있습니다.

한 가지 예외는 당연히 미사입니다. 대부분 미사는 성당, 경당, 주교좌성당 또는 대성당에서 봉헌됩니다. 성당은 기도를 위한 전용 공간입니다. 특정 시간에 미사가 없어도 성당은 기도와 전례를 위한 따로 마련된 공간입니다. 성당에는 거의 항상 성체가 모셔져 있으므로 성체 안에 계시는 예수님의 현존 앞에서 기도할 수 있는 장소입니다.

성체 조배실은 예수님의 몸과 피, 영혼, 신성과 함께 시간을 보낼 수 있는 특별한 기도 공간입니다. 또한 성체 조배실은 경건한 침묵의 공간으로 영혼을 고요히 하고 하느님의 음성을 들을 수 있는 곳입니다. 성체 조배실은 누구에게나 개방되어 있지만, 축성된 성체가 조배실에 홀로 남겨지지 않도록 조배자들은 자신에게 맡겨진 성시간을 지키기 위해 교대로 드나듭니다.

실제로 자기 집에 경당을 지을 공간이 있는 사람은 거의 없지만, 십자가와 성상들, 양초, 묵주, 좋아하는 기도서만 있어도 누구나 작은 기도 공간을 꾸밀 수 있습니다. 거실이나 방 한 켠에 기도 환경을 조성하는 데 필요한 물품을 놓아둘 선반이나 테이블만 있어도 기도 공간으로 충분합니다.

집이나 성당 외에도 기도 공간을 찾을 수 있습

니다. 성지나 피정 센터 등에서는 묵주 기도의 정원이나 야외 십자가의 길과 같은 기도 공간을 제공합니다. 이러한 공간은 신자들이 바쁜 일상에서 잠시 벗어나 아름답고 평화로운 곳에서 기도에 참여하도록 초대합니다.

하지만 기도는 부엌 싱크대에서 설거지를 할 때, 차 한 잔을 옆에 두고 좋아하는 의자에 앉아서, 현관 계단에서, 사랑하는 사람의 병상을 지키면서 등 어디서나 할 수 있습니다. 저는 혼자 운전할 때 차 안에서 하는 경우가 많습니다. 라디오를 끄고 생각의 주파수를 하느님께 맞춥니다.

어디서나 기도할 수 있는데 굳이 미사에 참례해야 하는 이유는 무엇일까요? 미사는 교회가 참여할 수 있는 모든 사람을 초대하는 단순한 공동체의 기도 그 이상입니다. 미사에서 우리는 구원의 신비를 재현하는 일에 참여하며, 신앙의 중심 기도에 함께 참여합니다.

그렇다고 해서 해가 뜰 때 해변에서 또는 창밖의 하늘에 반짝이는 별을 보며 기도하는 시간이 사라지는 것은 아닙니다. 그러나 개인 기도와 미사는 같지 않습니다. 우리는 미사 참례를 통해 주일을 거룩하게 기념하도록 초대받습니다. 미사의 공동체 기도와 성사 배령은 우리의 개인 기도 시간을 더 풍성히 하고 영감을 줍니다.

우리는 어디서 기도할 수 있나요? 우리는 어디서나 기도할 수 있습니다.

이런 경우에는
어떻게 하나요?

주의가 산만해질 때는 어떻게 하나요?

주의가 산만해지는 것은 피할 수 없는 일입니다. 그것은 우리가 거룩하지 않다는 뜻이 아니라 단순히 인간적이라는 뜻입니다. 우리 삶에서는 많은 일이 벌어지고, 기도 시간이 되어도 생각이나 염려, 걱정, 계획 등 분심이 드는 것을 수도꼭지 잠그듯 막을 수 없습니다.

「가톨릭 교회 교리서」는 기도가 일종의 싸움이며 언제나 노력을 전제로 한다고 전합니다(2725항 참조). 산만함은 분명히 그 싸움의 원인 중 하나이며, 심지어 성인들도 마찬가지였습니다.

리지외의 성녀 데레사 수녀는 가르멜수도회의 동료가 분심 때문에 기도에 집중하지 못해 힘들어하자 이렇게 조언했습니다. "분심 중에 있다는 것을 의식하자마자 나는 내 주의를 돌리고 있는 그 사람들을 위해 기도합니다. 이런 식으로 그들은 내 분심을 통해 유익을 얻게 됩니다. 나는 하느님의 사랑으로 모든 것을 받아들입니다. 심지어 내 마음에 떠오르는 터무니없는 환상까지 나는 하느님의 사랑으로 받아들입니다."

기도 노트에 산만하게 하는 생각을 적어 두면 기도에 도움이 될 수 있습니다. 머릿속을 맴돌며 잠들지 못하게 하는 할 일 목록을 적으면 늦은 밤 마음을 안정시키는 데 도움이 되는 것처럼, 산만한 생각을 기도 노트에 적어 하느님께 가져가면 마음이 안정되고 더 깊은 기도로 들어갈 수 있습니다.

방해 요소를 기도의 기회로 바꾸는 이 전략은 특히 침묵이 허락되지 않거나 잦은 방해가 발생하는 환경에서 기도할 경우에 매우 효과적일 수 있습니다.

'겉으로 조용히, 속으로도 조용히'라는 교사들의 행동 지침은 산만함을 극복하는 또 다른 기술을 요약한 것입니다. 종교 음악을 듣거나 이어폰으로 백색 소음을 들으며 차분한 분위기를 조성해 봅시다. 눈을 감고(또는 뜨고) 십자가나 성상에 시선을 집중합니다. 묵주 기도로 손을 바쁘게 합니다.

아무것도 느낄 수 없다면 어떻게 하나요?

기도할 때 아무것도 느끼지 못하는 경우가 꽤 자주 있을 것입니다.

실망스럽겠지요. 우리는 하느님께 기도하며 즉각적인 응답을 받을 수 있기를 희망하고 기대합니다. 청하고 찾고 두드려 보지만 달라지는 것은 아무것도 없습니다.

내가 무엇인가를 잘못하고 있는 것인가요? 나는 충분히 잘 기도를 한 것인가요?

기도 안에서 하느님께 고민을 털어놓는 것은 결코 잘못된 일이 아닙니다. 마음속에 있는 것을 그분과 나누는 것은 옳습니다. 하지만 하느님께서 우리의 기도를 들으시는 방식은 우리가 기도를 드리는 방식과는 다릅니다.

기도했는데 아무것도 느껴지지 않는다고 해서 하느님께서 우리의 기도를 듣지 않으신다는 뜻은 아닙니다. 기도가 하느님의 목록에서 올바른 항목에 표시되지 않았다는 의미도 아닙니다. 그 기도는 응답받을 수 없다거나 앞으로도 응답받지 못한다는 의미도 아닙니다. 기도에는 우리의 감정적 반응보다 훨씬 더 많은 것이 있습니다.

많은 성인들이 영적 메마름의 체험에 대해 글

을 썼습니다. 로욜라의 이냐시오 성인은 기도에서 성취감을 느끼지 못할 때 '영적 고독'desolation이라는 용어를 사용했습니다. 영성 서적의 고전인 십자가의 성 요한의 『어둔 밤』은 성인의 고통과 투쟁을 묘사했습니다.

리지외의 성녀 데레사는 자서전 8장의 시작 부분에서 자신의 영적 메마름의 상태를 자세히 설명하며, 자신의 충실하지 못한 태도와 묵상 시간에 조는 습관을 탓합니다. 콜카타의 성녀 마더 데레사는 죽어 가는 가난한 사람들을 돌보며 가장 겸손한 사도직을 하면서도 수십 년 동안 영적 어둠을 헤쳐 나가야 했습니다.

아무것도 느껴지지 않는다고 해서 우리가 혼자인 것은 아닙니다. 영적 메마름을 겪은 성인들은 영적으로 메마른 시기에 인내해야 한다는 데 동의합니다. 어쨌든 기도하십시오. 어둠이 여러분의 동기를 빼앗지 못하도록 하십시오.

기도하고 싶지 않다면 어떻게 하나요?

　누구나 기도하고 싶지 않을 때가 있습니다. 하지만 기분이 좋지 않아도 직장이나 학교에 가야 하고, 직장이나 학교에 가지 않을 핑곗거리를 찾기 쉬워도 영양가 있는 음식을 먹고 일찍 잠자리에 들어야 하는 것처럼, 우리는 어쨌든 기도해야 합니다. 기도 시간이 다가오는데도 기도하고 싶지 않다면 그래도 기도를 포기하고 싶은 유혹과 싸우는 것이 최선입니다. 정말 문제는 유혹입니다. 그 유혹과 싸우기 위해 다음 다섯 가지 전략 중 하나를 시도해 봅니다.

1. 기도하고 싶은 마음이 들도록 하느님께 도움을 청합니다.
2. 어쨌든 기도합니다. 다만 색다른 방법을 시도해 봅니다. 기도하던 방식이나 장소, 방법을 바꾸거나 새로운 영성 서적을 읽으며 영감을 얻어 봅니다.

3. 천천히 시작합니다. 음악을 듣거나 시편을 읽거나 기도 노트를 쓰면서 시작합니다. 무엇이 기도할 마음을 빼앗아 가는지 하느님께 편지를 써 봅니다. 그렇게 하는 것 자체가 기도입니다!

4. 마음을 가라앉힙니다. 마음이 여러 갈래로 분주하면 묵주 기도나 하느님 자비의 5단 기도처럼 반복적인 기도가 생각을 잠재우는 데 도움을 줍니다.

5. 도움을 요청합니다. 기도를 게을리하려는 유혹에 맞서 싸우도록 대천사 성 미카엘의 전구를 청합니다.

응답을 못 받으면 어떻게 하나요?

기도의 응답은 소원이 이루어진 것과는 다릅니다. 성경은 간절히 기도한 사람들의 이야기로 가득합니다. 즉각적으로 기도의 응답을 받는 이도 있고 아주 오랫동안 기다린 사람들도 있습니다. 대부분의 사람들은 자신이 기대하거나 원한

대로 응답을 받지는 못합니다. 그러나 그들 모두 응답을 받았습니다.

예수님께서 우리에게 기도하는 법을 가르쳐 주실 때 "아버지의 뜻이 이루어지게 하십시오."(루카 22,42)라고 말할 것을 강조하셨습니다. 예수님께서 겟세마니 동산에서 당신이 견뎌야 할 고난을 없애 달라고 아버지께 기도하실 때 직접 그렇게 기도하셨습니다. 그러나 예수님은 당신의 마음을 하느님께 쏟아부은 뒤 아버지의 뜻에 순종하셨습니다.

예수님은 우리의 소원을 들어주겠다고 약속하신 적이 없습니다. 하느님께서는 우리에게 좋은 것을 주시겠다고 약속하셨습니다.

"너희 가운데 아들이 빵을 청하는데 돌을 줄 사람이 어디 있겠느냐? 생선을 청하는데 뱀을 줄 사람이 어디 있겠느냐? 너희가 악해도 자녀들에게는 좋은 것을 줄 줄 알거든, 하늘에 계신 너희

아버지께서야 당신께 청하는 이들에게 좋은 것을 얼마나 더 많이 주시겠느냐?"(마태 7,9-11)

하느님께 소원 목록을 가져가 우리가 원하는 것을 다 들어주시리라고 기대한다면 실망할 것입니다. 그렇다고 하느님께 소원 목록을 가져가면 안 된다는 뜻은 아닙니다. 내 마음속에 무엇이 있는지 하느님께 말씀드립니다. 무엇을 바라는지 하느님께 말씀드립니다. 큰 꿈이든 작은 꿈이든 나의 꿈을 하느님께 말씀드립니다.

우리는 언제나 응답을 받을 것입니다. 항상 내가 원하는 답이 아닐 수도 있지만, 하느님은 나에게 필요한 것이 무엇인지 알고 계십니다.

여러 가지 기도 방법을 시도했지만 나에게 '맞지 않으면' 어떻게 하나요?

가톨릭 신자가 반드시 참여해야 하는 기도는

단 하나, 미사뿐입니다. 미사에서 아무것도 얻지 못한다고 느낄 때도 있지만, 성체성사의 현존과 주일 및 축일 미사 참례의 의무에 순명할 때 우리는 은총을 얻어 누립니다. 미사를 통해 기도 생활을 풍요롭게 할 수 있습니다. 그날의 성경 말씀을 읽고 기도하면서 미리 준비하고, 성당에 여유 있게 도착해 기도하면 미사를 더 잘 봉헌할 수 있습니다. 영성체를 모신 후 봉헌할 기도문이나 기도 목록을 가져가면 성체성사에 더 잘 집중할 수 있습니다.

가톨릭 신자는 미사 외에도 기도하도록 부름을 받지만, 자세한 내용은 각 개인에게 달려 있습니다. 사제, 부제, 수도자는 시간 전례를 바쳐야 하며, 경우에 따라 묵주 기도와 기타 기도가 그들의 영성 생활에 포함되기도 합니다. 하지만 대부분의 가톨릭 신자들은 온전히 스스로 기도 방법을 결정합니다.

인생의 한 시기에 효과적이었던 것이 다른 시기에는 효과가 없을 수도 있습니다. 현재 삶의 상태가 특별한 영적 실천의 필요를 느끼지도 못하고 또 그것이 자신에게 도움이 되지 않는다면 다른 방법을 시도해 봅니다. 완전히 멈추지 말고 기도 방법을 바꾸어 보는 것입니다. 배경 음악을 추가하거나 다른 자리에 앉는 등 작은 변화를 시도해 봅시다.

또는 큰 변화를 꾀해 봅니다. 일정 기간 특정 기도를 바쳐 보고 자신에게 맞는 것이 무엇인지 알아봅니다. 9일 기도를 바쳐 봅시다. 전통적으로 묵주 기도의 달인 10월에는 묵주 기도를 바치고, 사순 시기에는 십자가의 길 기도를 바치며, 대림 시기에는 대림환의 촛불을 켜고 이사야 예언서 등의 영적 독서를 하며 기도합니다.

자신이 가장 좋아하는 기도 방법을 찾아보고 새로운 시도를 두려워하지 말아야 합니다.

스트레스가 심해서 집중할 수 없으면 어떻게 하나요?

우리 모두에게 일어나는 일입니다. 삶의 압박과 근심, 걱정이 기도에 쏟고 싶은 에너지를 포함한 모든 에너지를 소모해 버립니다. 더 이상 한곳에 집중할 힘이 남지 않은 듯합니다.

이 상황을 그대로 하느님께 기도드려도 괜찮습니다. 저는 그렇게 하지 않으면 다른 기도 방법을 찾을 수 없다는 것을 알았습니다. 하느님은 우리의 기도를 들어주십니다. 아니, 이미 그렇게 하셨습니다. 십자가만 봐도 그 증거입니다.

우리의 걱정을 하느님께 맡길 수 있도록 하느님의 도움을 청합시다. "여러분의 모든 걱정을 그분께 내맡기십시오. 그분께서 여러분을 돌보고 계십니다."(1베드 5,7) 걱정거리를 하나하나 나열해도 되고, 한꺼번에 넘겨 드려도 됩니다. 혼자서는 할 수 없다는 것을 인정하는 것이 그 순간 할 수 있는 최고의 기도입니다.

이럴 때에는 교회의 공식 기도가 위로가 되기도 합니다. 묵주 기도나 하느님 자비의 5단 기도는 생각을 가라앉히고 고통 속에서 숨을 돌릴 여유를 되찾도록 도와줍니다.

할 일이 많을 때는 간결하게 정리하고 하느님께 맡기십시오.

기도하는 것을 잊어버리면 어떻게 하나요?

기도하는 데 알림을 필요로 한다고 해서 잘못된 것은 전혀 아닙니다. 그리고 이러한 필요성은 새삼스러운 일도 아닙니다. 하루 중 특정 시간에 신자들이 잠시 하던 일을 멈추고 기도하도록 삼종 기도 때 종소리가 울리는 것도 바로 이 때문입니다.

하지만 대부분 우리는 사는 곳에서나 일하는 곳에서 성당 종소리를 들을 수 없으며, 개인적으로 다양한 기도 알림을 선택할 수 있습니다. 저는 창의적인 기도 알림 찾기를 좋아합니다.

이 글을 쓰는 현재 저는 9일 기도 중인데, 이레 째까지 잊지 않고 기도를 지속할 수 있었던 유일한 이유는 휴대폰 캘린더에 매일 정오 알림을 설정해 놓았기 때문입니다. 알림이 뜨면 하던 일을 멈추고 9일 기도를 바칩니다. 제 친구들 여럿은 오후 3시에 하느님 자비의 5단 기도를 바치기 위한 스마트폰 알람을 설정해 놓습니다.

그렇지만 기도할 것을 상기시킬 때 꼭 현대적 기술이 필요한 것은 아닙니다. 제가 가장 좋아하는 기도 알림은 제 주변에 있습니다. 큰아들이 선물한 커피 머그잔을 사용할 때 아들을 위해 기도합니다. 친구가 사는 거리를 운전하거나 걸어서 지나갈 때 그 친구를 위해 기도합니다.

또 저는 자동차가 눈에 잘 들어와서 그것을 기도 알림으로 삼습니다. 도로에서 제 앞에 검은색 세단이 있으면 남편을 위해 기도하라는 신호입니다. 가족이나 친구와 관련된 대학이나 지방에 대한 안내 광고를 보면 그곳 사람들을 위해 기도할 생각이 납니다. 멀리 떨어져 사는 친구나 친척에게 무슨 차를 타고 다니는지 물어보고 같은 차종을 볼 때마다 친구와 친척을 위해 기도합니다.

특정한 누군가를 떠올리게 하는 모든 것이 그 사람을 위한 기도 알림이 될 수 있습니다!

저는 또한 잘 보이는 곳에 작은 성상과 함께 기도를 약속한 사람의 이름을 적은 메모지를 붙여 두기를 좋아합니다. 그것을 정기적으로 교체해 눈에 잘 들어오도록 하는 것이 관건입니다.

창의적인 방법으로 기도 알림을 잘 이용하면 끊임없이 기도하는 목표에 도달하는 데 도움이 됩니다.

내가 하던 방식으로 더 이상 기도할 수 없다면 어떻게 하나요?

코로나19 팬데믹으로 2020년 교회는 교우들

이 함께하는 미사를 중단하고 성체 조배실을 폐쇄하고 대신에 온라인 전례를 선택했었습니다. 전 세계 여러 곳에서 교회 건물이 몇 주 동안 완전히 폐쇄되었습니다. 교회가 다시 문을 연 후에도 신자들은 주일 미사 의무에서 면제되었습니다.

다른 비상 상황에서도 기도 생활은 선택의 폭이 제한될 수 있습니다. 예를 들어, 가족에게 응급 상황이 발생해 장거리 이동을 할 경우에 저는 매일 드리던 미사를 빠질 수밖에 없었고 저를 대신해 매주 있는 성체 조배실의 성시간 기도를 드릴 사람을 찾아야 했습니다.

이럴 때일수록 우리는 자신의 자리에서 최선을 다해야 합니다. 프란치스코 교황은 팬데믹 기간 동안 가톨릭 신자들에게 묵주 기도를 바치도록 독려했습니다. 기술을 창의적으로 활용한 덕분에 사람들은 집에서 격리된 상태에서도 여럿이 함께 기도할 수 있었습니다. 미사는 물론 성체 조배까지 생중계로 볼 수 있었습니다.

가족을 보살피느라 매일 미사에 참석할 수 없을 때에도 장거리 운전 중에 묵주 기도를 바치고 성가를 들을 수 있었습니다. 아침과 저녁에는 시간 전례 기도를 바칠 수 있었습니다. 매일 미사 독서와 복음을 읽고 기도할 수 있었습니다.

상황에 따라 특정 기도를 선택할 수 없을 때에도 우리는 여전히 기도를 선택할 수 있습니다.

끝으로

성 호세마리아 에스크리바는 이렇게 썼습니다.

"기도한다는 것은 하느님과 대화하는 것입니다. 어떤 대화인가요? 그분과 우리 자신에 대한 대화입니다. 우리의 기쁨, 슬픔, 성공과 실패, 원대한 야망, 매일의 걱정, 심지어 약점까지도 함께 나누는 대화입니다! 그리고 기도는 감사와 청원, 사랑과 보속의 행위입니다. 요컨대 그분을 알아 가고 우리 자신을 알아 가는 것입니다."

기도가 굳이 복잡할 필요는 없습니다. 구하고, 찾고, 두드리면 됩니다. 하느님께 영광을 드리고 마음속에 있는 것을 나누십시오.

저자 소개

바브 시스키에비츠 Barb Szyszkiewicz는 세 자녀를 둔 어머니이자 아내이며 재속 프란치스코회원입니다. 가톨릭 모성의 소명에 응답하는 모든 여성을 지지하고 격려하는 사이트(www.CatholicMom.com)의 편집자이며, 개인 블로그(www.FranciscanMom.com)의 운영자이기도 합니다. 글쓰기, 요리, 독서를 즐기며 본당에서 음악 봉사를 하고 있습니다.